KB155758

평범한 우리 어린이들을 다음 세대
위인으로 만들어 줄 교과서 위인 이야기!
효리원의 교과서 위인 이야기는 초등학교
교과 과정에 나오는 국내외 위인들을, 우리나라
최고 아동 문학가 53인이 재미있게 동화로 구성했습니다.
지혜와 용기로 위대한 삶을 산 위인들의 이야기는,
어린이들의 마음속에 '나도 할 수 있다.'는
희망의 씨앗을 심어 줄 것입니다!

일러두기

1. 띄어쓰기와 맞춤법 : 초등학교 국어 교과서와 국립국어원의 『표준국어대사전』을 기준으로 하였습니다.

2. 외래어 지명과 인명 : 국립국어원의 『외래어 표기 용례집』을 기준으로 하였습니다.

3. 이해가 어려운 단어 : ( ) 안에 뜻풀이를 하였습니다.

4. 작가 연보 : 연도와 함께 나이를 표기하고, 업적을 간략히 소개하였습니다. 우리나라 위인은 태어난 해를 한 살로 하였고, 외국 위인은 만 나이를 한 살로 하였습니다. 정확한 자료가 없는 위인은 연도와 업적만을 나타냈습니다.

5. 내용 구성 : 위인의 삶은 역사적 자료를 바탕으로 최대한 사실적으로 구성하였습니다. 그러나 읽는 재미를 위해 대화 글이나 배경 묘사, 인물의 감정 표현 등에 작가의 상상력을 가미하였습니다.

6. 그림 구성 : 문헌을 바탕으로 위인이 살던 시대를 충실히 나타내도록 하되 복식의 색상이나 장식, 소품, 건물 등은 작가의 상상으로 그렸습니다.

7. 내용 감수 : 각 분야의 전문가들로 구성된 편집 위원들이 꼼꼼히 감수를 하였습니다.

편집 위원

김용만(우리역사문화연구소장)
교과서에서 만나는 위인들을 중심으로 일화와 함께 그림과 사진을 곁들여 지루하지 않게 읽을 수 있습니다. 술술 읽다 보면 학교 공부에도 많은 도움이 될 것입니다.

신현득(동시인. 전 새싹회 회장)
우리가 자주 듣고 접하는 역사 속 실존 인물들이 자신의 꿈을 이루기 위해 어떻게 노력했는지 깨달아 가면서 우리 어린이들은 한층 더 성숙해질 것입니다.

윤재운(동북아역사재단 연구 위원)
위인전을 읽으면서 어린이들은 시대를 넘어 간접 체험을 할 수 있습니다. 어떻게 살아야 하는지 인생에 대한 동기 부여와 함께 삶이 보다 풍요로워질 것입니다.

이은경(철학 박사, 전북과학대 유아교육학과 교수)
한 사람의 인격과 품성은 어릴 때 형성됩니다. 따라서 초등학교 저학년 때 어떤 책을 읽느냐에 따라 생각의 크기가 달라집니다. 어린이의 미래를 위해 이 책은 꼭 읽어야 합니다.

이창열(하버드 물리학 박사, 전 국가과학기술자문회의 전문 위원)
세상을 바꾼 위대한 인물의 이야기는 어린이의 인성 및 감성 발달에 큰 영향을 미칠 뿐 아니라 실험 정신과 개척 정신을 길러 줍니다. 용기와 지혜로 세상을 헤쳐 나가는 당당한 어린이를 꿈꾼다면 이 책은 꼭 한번 읽어 보아야 합니다.

정재도(한글학자)
위인으로 일컬어지는 이들은 어떤 생각을 하고, 어떤 삶을 살았을까요? 그들의 흔적을 담은 위인전은 복잡한 현대를 이끌어 갈 우리 어린이들에게 나침반과 같은 역할을 할 것입니다.

조수철(서울대학교 의과대학 소아정신과 교수)
위인전은 시대와 신분, 업적이 다른 위인들의 삶이 다양하고 흥미롭게 구성되어 있어 손쉽게 여러 삶의 모습을 만날 수 있습니다. 용기 있게 고난을 헤쳐 나간 위인의 이야기를 통해 삶의 지혜를 배울 수 있을 것입니다.

이토 히로부미를 저격한
독립운동가
안 중 근

송재진 글 / 권영묵 그림

 효리원
hyoreewon.com

이 책을 읽는 학부모님과 선생님께

흔히 어린이들은 좋아하는 사람과 자신을 견주어 보면서 자라납니다. 특히 닮고 싶은 위인의 발자취는 어린이들에게 미래를 향한 등대가 됩니다. 전기에서 위인들의 실패와 좌절, 그리고 성공을 위한 노력을 살펴봄으로써 깊고 넓은 감동을 맛보는 한편, 스스로 삶의 보람과 비전을 찾아 나서는 동기를 발견하게 되는 까닭입니다.

이 책을 읽은 다음, 나들이 삼아 안중근의사기념관(서울 남산)에 찾아가 보시기를 권합니다. 하얼빈 의거와 재판 과정 등을 다룬 영상물과 옥중 생활 모형, 활약상을 다룬 슈퍼 그래픽, 유묵 등을 통해 안중근의 일생과 업적을 생생하게 체험할 수 있습니다.

안중근의사기념관을 찾기가 쉽지 않다면 인터넷을 활용해도 됩니다(www.patriot.or.kr). 그리고 나면 한결 깊이 있고 폭넓은 이야기를 나눌 수 있을 것입니다.

함께 생각해 볼 주제로는 다음과 같은 것을 들 수 있습니다.

첫째, 어린 시절 일화에 나타난 안중근의 신념과 용기가 고집과는 어떻게 다른지, 어린이가 겪었던 바와 견주어 보게 합니다.

둘째, 안중근은 사형 선고를 받고도 감옥에서『동양 평화론』이라는 책을 썼습니다. 만약 내가 죽음을 앞두었다면, 가장 하고 싶은 것은 무엇인지 말하고, 자신의 유서를 미리 써 보게 합니다.

셋째, 순국하는 순간까지 대한의 독립과 동양의 평화를 바랐던 안중근의 뜻을 새기면서, 나라를 지키는 한편 세계 평화를 위해 할 수 있는 일이 무엇인지 생각해 보도록 합니다.

넷째, 안중근은 "하루라도 책을 읽지 않으면 입안에 가시가 돋는다."라고 했는데, 책을 읽는 까닭은 무엇이며, 어떻게 읽어야 할 것인지 생각해 보도록 합니다.

다섯째, 다른 독립운동가의 전기나『마사코의 질문』(손연자 동화집)처럼 일제 강점기를 다룬 책을 찾아 읽어 보도록 합니다.

여섯째, 의거 장면을 상상해서 그림을 그리거나, 안중근 의사에게 보내는 편지를 써 보도록 합니다.

이때, 시험 문제의 정답을 요구하듯 해서는 안 되며, 편안하고 자연스러운 분위기에서 이루어질 수 있도록 해 주시기 바랍니다.

안중근 의사는 스스로 목숨을 던져 우리나라의 독립과 동양 평화를 지켰던 독립운동가예요.

민족의 이름으로 이토 히로부미를 저격하고, 이를 통해 핍박받는 우리 민족에게 희망과 용기와 자존심을 일깨워 주었으며, 독립의 의지를 세계에 널리 알렸지요.

어둡고 암울했던 일제 강점기에도 꿋꿋하게 지켜 낸 신념과 어떠한 억압에도 굴하지 않았던 의연함, 그리고 마음은 있어도 실행으로 옮기기는 쉽지 않은 거사를 과감히 행한 용기가 있어 우리는 그토록 바라던 독립을 이루어 낼 수 있었지요.

그리고 그 정신은 시대를 뛰어넘어 오늘을 살아가는 우리 겨레의 가슴속에 결코 꺼지지 않는 별이 되어 빛나고 있습니다.

글쓴이 송재진

차 례

별꿈을 꾸고 낳은 아기

안중근은 1879년 9월 2일 동틀 무렵, 황해도 해주부 수양산 기슭(황석동)에서 아버지 안태훈과 어머니 조마리아의 3남 1녀 중 맏아들로 태어났습니다. 그의 집은 해마다 벼를 천 석 넘게 거두는, 알아주는 부자였습니다.

그날, 갓난아기를 목욕시키던 몸종이 호들갑을 떨며 조씨 부인을 불렀습니다.

"마님, 마님! 이걸 좀 보셔요. 도련님 몸에 이상한 점들이 있어요."

정말 아기의 배와 가슴에 북두칠성 모양의 점 일곱 개가 가지런히 있었습니다.

아이의 아버지 안 진사도 깜짝 놀랐습니다.

"음, 보통 아이가 아닌가 보오."

안 진사와 조씨 부인은 '북두칠성

의 기운을 받아 태어난 아이'라는 뜻으로, 아기 이름을 '응칠(應七)'이라고 지었습니다. 그러나 고집이 워낙 센데다 물불을 가리지 않는 성격을 지켜본 할아버지는 족보(한 가문의 계통과 혈통 관계를 적어 기록한 책)에 이름을 올릴 때, 무겁고 신중하게 뿌리를 내리라는 뜻을 담아 돌림자인 뿌리 근(根)에 무거울 중(重)을 더해 '중근'이라고 고쳤습니다.

안중근은 유명한 유학자 안향의 자손입니다. 고조할아버지 안지풍과 증조할아버지 안정록은 무과에 급제한 무인이었습니다. 할아버지 안인수 또한 진해 현감을 지냈는데, 성품이 어

질어 덕을 넉넉히 베푼 까닭에 마을 사람들은 말할 것도 없거니와 황해도 내 모든 사람들이 존경했습니다. 아버지 안태훈은 어려서 『사서삼경』을 떼는 등 지혜와 재주가 뛰어나 신동이라 불렸는데, 과거에 급제하여 성균 진사에 올랐습니다.

봄을 재촉하는 비가 소리 없이 내리는 어느 날, 글을 가르치던 할아버지가 대뜸 물었습니다.

"응칠아! 넌 할아비가 더 좋으냐, 아버지가 더 좋으냐?"

"그야 뭐, 두 분 다 좋지요."

"하지만 조금이라도 더 좋은 쪽이 있을 게 아니냐?"

"굳이 꼽으라면, 아버지가 더 좋아요."

"뭐라구? 그것 참, 섭섭하구나."

"섭섭하셔도 하는 수 없지요, 뭐."

"그렇다면 난 이제 네게 글을 가르쳐 주지 않을 테다. 그래도 아버지가 더 좋으냐?"

어떻게 나오나 보려고, 할아버지는 짐짓 화난 듯한 얼굴로 물었어요. 하지만 응칠이는 대답이 없었습니다.

"이제라도 늦지 않았으니 할아비가 더 좋다고 말하렴. 그러면 앞으로도 글을 가르쳐 줄 테니."

"아무리 그래도 거짓말은 싫어요!"

응칠이는 자리에서 벌떡 일어서며 큰 소리로 외쳤습니다.

"아, 아니다. 앉아라. 네가 어쩌나 보려고 괜히 해 본 소리다. 자, 오늘 공부를 마저 해야지?"

그러는 할아버지의 입가에 벙긋 웃음이 매달렸습니다.

'이 녀석이 공부뿐 아니라, 마음도 잘 닦아 가고 있구나!'

비록
어른일지라도

아침나절에 후두둑, 소나기가 듣던 날이었습니다.

글공부를 하다 말고 응칠이는 한껏 기지개를 켰습니다. 말갛게 씻은 얼굴을 들고 천봉산이 성큼 마을 쪽으로 내려앉은 듯 보였어요.

'으음, 나도 어서 커서 저 산처럼 듬직하고 우뚝한 마음을 품어야지.'

속다짐을 하는 응칠이의 눈에, 동네 어귀에 모여 앉아 노는 동무들의 모습이 들어왔습니다. 응칠이는 한달음에 뛰어가 놀이에 끼어들었습니다.

얼마 후, 마을에 다녀오던 이장이 아이들 앞에 멈춰 서서 두어 차례 큰기침을 했습니다. 하지만 놀이에 정신이 팔린 아이들은 그 소리를 듣지도, 자신들이 길을 막고 있다는 사실도 알아차리지 못했어요.

인기척에도 아랑곳하지 않는 것을 괘씸하게 여긴 이장은 길바닥에 고인 흙탕물을 일부러 아이들 쪽으로 튀겼습니다.

놀이에 함빡 빠졌던 아이들은 그제야 화들짝 놀라 일어났습니다.

그런데 고개를 숙인 채 쩔쩔매는 동무들과 달리, 응칠이는 옷에 튀긴 흙탕물을 털어 내며 일어나 따졌어요.

"아니, 점잖은 이장 어르신께서 아이들 노는데 훼방을 놓으시

다니요? 어서 사과하십시오."

"어허, 이런 고얀 놈이 있나. 감히 어른에게 대들다니!"

말대꾸는커녕 어른 앞에서는 고개도 제대로 들기 어려운 시대였습니다. 그러나 응칠이의 생각은 달랐어요.

"물론 아이가 어른에게 대들어선 안 되는 법이지요. 허나, 어르신일지라도 옳지 않은 일을 했을 때는 마땅히 책임을 져야 도리가 아니겠습니까?"

"사람 다니는 길을 막아 놓고 오히려 큰소리란 말이냐?"

"아 참, 그렇군요! 버릇없이 굴어서 죄송합니다. 그러나 놀이에 열중한 저희들을 깨우쳐 주지 않으시고, 대뜸 흙탕물부터 튀긴 이장 어르신께도 잘못은 있는 거지요?"

이장은 예의 바르면서도 당당한 응칠이의 태도에 감탄했지만, 짐짓 화난 얼굴로 겨누어 보았습니다. 하지만 마치 눈싸움이라도 하는 듯 마주 바라보는 응칠이의 표정에는 전혀 흔들림이 없었어요. 이장은 천봉산으로 눈길을 돌리며 껄껄 웃었습니다.

"그래, 아무래도 내가 좀 심했다. 얘들아, 미안하구나."

아이들에게 고개까지 숙이는 이장 앞에서 응칠이는 몸 둘 바를 몰랐습니다.

"아, 아닙니다. 애당초 길을 막고 놀았던 저희들이 잘못한

일인 걸요. 버릇없이 군 데 대해 다시 한 번 사죄 드립
니다."

"그래, 됐다. 하지만 어른이라도 잘못을 했을 때는
손아랫사람에게 야단을 맞을 수 있느니라. 덕분에 오
늘 참으로 소중한 것을 배웠구나. 고맙다. 그런 뜻에서
너희에게 맛난 것을 대접하마. 아침에 나올 때 보니,
내 집에서 마침 수정과와 엿을 만들고 있더구나. 함께
가자."

"고맙습니다, 이장님. 이장님 만세!"

"이장님 댁으로 출발~!"

신이 난 응칠이와 아이들은 함성을 지르며 이장 댁
으로 뛰어갔습니다.

남을 괴롭히는 놈은

헐레벌떡 집 안으로 뛰어들어온 응칠이는 사냥꾼들이 묵고 있는 사랑방 문을 열어젖히며 소리쳤습니다.

"아저씨, 활 좀 빌려 주세요!"

"활은 왜요?"

"아주 나쁜 녀석이 있어요. 가만두어서는 안 되겠어요."

"나쁜 녀석이라니, 누구 말인가요?"

"글쎄, 활이나 좀 빌려 주세요."

응칠이는 다짜고짜 화살과 활을 집어 들었습니다. 가슴이

철렁 내려앉은 사냥꾼은 응칠이를 붙잡고 달랬습니다.

"도련님, 활은 사람을 쏘기 위한 것이 아니라 짐승을 잡기 위한 거예요."

"그렇다고 나쁜 놈을 그냥 놔둬요?"

"경우에 따라서는 그럴 수도 있지요. 사람을 함부로 죽여서는 절대 안 됩니다. 그나저나 나쁜 놈이라니, 도대체 누굴 말하는 겁니까?"

"그럼 따라와 보세요."

언덕 위로 달려간 응칠이는 씩씩거리며 하늘을 가리켰어요.

"바로 저놈이에요."

"무얼 말씀하시는 거예요, 도련님?"

"에이 참, 저기 저 꼬리연 안 보이세요? 공연히 다른 연들에게 훼방 놓는 놈 말이에요. 가만있는데 못 살게 구는 저런 놈은 따끔하게 혼내 줘야 한다고요!"

그제야 어떻게 된 일인지 사정을 알게 된 사냥꾼은 껄껄 웃으며 활과 화살을 건네주었어요.

"저놈이라면 얼마든지 쏘아도 괜찮아요."

한편, 집안 사람들은 '응칠이가 활로 사람을 쏘려 한다.'는 말을 전해 듣고 놀라서 달려나왔어요.

"아이구, 난 또 사람을 쏘려는 줄 알고 놀랬구먼. 허허허!"

사정을 알게 된 집안 사람들은 모두들 한바탕 웃었습니다.

활쏘기 연습

응칠이가 여덟 살 나던 해였습니다.

하루는 사냥꾼 한 사람이 응칠이에게 활 쏘는 법을 가르쳐 주었습니다.

다음 날부터 응칠이는 아무도 모르게 활을 메고 뒷산으로 갔습니다. 마침 새 한 마리가 푸드득 날아오르는 것을 보고 응칠이는 얼른 활을 쏘았어요. 그러나 새는 화살을 피해 재빨리 날아가 버렸습니다.

응칠이는 하루 종일 날아오르는 새를 향해 활을 쏘았지만

결국 허탕만 치고 말았어요. 그러나 실망하지 않고 매일 뒷산으로 가서 활쏘기 연습을 했습니다.

그러던 어느 날이었습니다. 응칠이는 그날도 아무것도 잡지 못한 채 터덜터덜 집으로 돌아오고 있었습니다.

"어, 저게 뭐지?"

한쪽 가지가 땅으로 꺾인 소나무 가지에 화살 한 개가 박혀 있었습니다. 그 화살 끝에는 무엇인가가 꽂혀 있었습니다. 마치 작은 새 같았습니다.

'화살이 작은 것을 보니 내 것이 분명해.'

응칠이는 기쁨으로 뛰는 가슴을 누르며 달려갔습니다. 그러나 화살에 꽂힌 것은 솔방울이었어요.

'옳지!'

무슨 생각을 했는지, 응칠이는 빙그레 웃었습니다.

응칠이는 다음 날도, 그 다음 날도 뒷산에 올라가 활쏘기 연습을 했습니다.

얼마 후, 응칠이는 사냥꾼을 졸라 댔어요.

“저도 사냥하는 데 끼워 주세요.”

“글쎄요, 도련님. 사냥을 하려면 적어도 작은 새 정도는 쏘아 맞힐 줄 알아야 해요.”

“그럼 됐네요. 뒷산에 있는 새들을 모조리 잡았거든요.”

사냥꾼은 응칠이의 말을 믿지 않고 껄껄 웃었습니다.

“정 그렇다면, 뒷산에 가 보면 알 것 아니에요?”

사냥꾼은 고개를 갸우뚱하면서도 응칠이를 따라 뒷산으로 갔습니다.

“자, 보세요!”

뒷산 소나무에 달린 솔방울이란 솔방울에는 모두 응칠이가 쏜 화살이 꽂혀 있었습니다.

“아니, 이게 어디 새인가요? 솔방울이지.”

사냥꾼은 배꼽을 잡고 웃었습니다.

“에이 참, 나뭇가지에 매달린 솔방울을 쏜 것이나, 나뭇가지에 앉은 새를 쏘아 맞힌 것이나 마찬가지 아니에요?”

응칠이가 눈을 부릅뜨며 말했습니다.

"아, 그렇군요!"

그제야 비로소 사냥꾼은 고개를 끄덕였습니다.

"그럼, 내일 당장 사냥하러 가는 데 따라가도 되지요?"

"아무렴요, 도련님!"

그날 밤, 웅칠이는 너무 좋아 밤새 뒤척이다가 새벽녘에야 겨우 잠이 들었습니다.

다음 날 아침, 해가 높이 떠올랐을 때에야 겨우 눈을 뜬 웅칠이는 자리를 박차

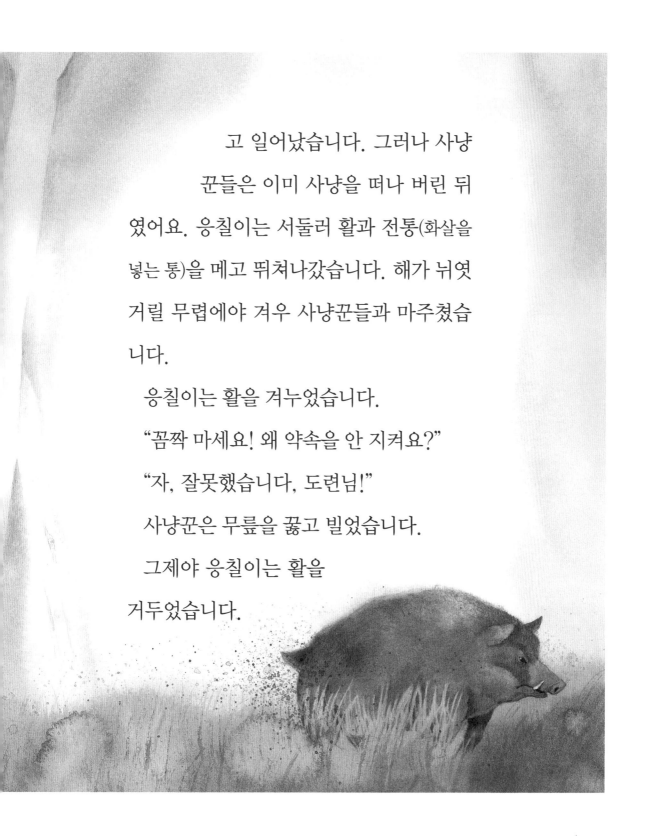

고 일어났습니다. 그러나 사냥
꾼들은 이미 사냥을 떠나 버린 뒤
였어요. 웅칠이는 서둘러 활과 전통(화살을
넣는 통)을 메고 뛰쳐나갔습니다. 해가 뉘엿
거릴 무렵에야 겨우 사냥꾼들과 마주쳤습
니다.

웅칠이는 활을 겨누었습니다.

"꼼짝 마세요! 왜 약속을 안 지켜요?"

"자, 잘못했습니다, 도련님!"

사냥꾼은 무릎을 꿇고 빌었습니다.

그제야 웅칠이는 활을
거두었습니다.

사냥꾼을 따라 산을 내려오던 응칠이는 맞은편에서 무엇인가 시커먼 것이 꿈틀거리는 것을 보았어요.

'피웅' 소리와 함께 사냥꾼이 쏜 화살이 멧돼지의 이마 한가운데에 꽂혔습니다.

응칠이의 화살은 가슴께에 박혔습니다.

"야, 잡았다! 멧돼지를 잡았다!"

"도련님, 정말 장하십니다!"

안 진사는 아들에게 무술도 익히게 했습니다.

어느 날, 안 진사는 응칠이를 불러 말했습니다.

"활 솜씨는 그만하면 됐다. 이제 말타기를 익혀라."

마을 소년들은 응칠이를 소년단 대장으로 뽑았습니다.

열 살을 넘자 응칠이의 무예와 학문은 어른들도 감탄할 정도로 훌륭해졌습니다. 그러나 응칠이는 이에 만족하지 않았습니다.

"아버지, 총을 한 자루 사 주세요."

안 진사는 응칠이에게 흔쾌히 총을 사 주었습니다.

청계동 싸움에서 승리하다

1894년, 소년 안중근(응칠)이 열여섯 살 때 동학 농민 운동(고부 군수 조병갑에게 시달리던 농민들이 동학 교도들과 합세하여 일으킨 농민 운동)이 일어났습니다. 이들이 활동하던 때에 간혹 동학 농민군의 이름을 내세워 백성들의 재산을 빼앗고 사람을 해치는 무리도 있었습니다. 특히 원용일이 이끄는 부대의 횡포가 매우 심했습니다.

안 진사는 격문(어떤 일을 여러 사람에게 알려 부추기는 글)을 돌려 의병을 모았습니다.

"우리 마을은 우리가 지키자!"

중근은 아직 어렸지만, 젊은이들을 지휘하는 데 부족함이 없었습니다.

안중근이 대장이 되고 몇 달이 지났을 때였습니다.

몇몇 대원들이 나이 어린 중근의 명령을 불쾌하게 생각해 잘 따르지 않았습니다.

중근은 이 일을 삼촌 안태식과 의논했습니다.

"좋은 방법이 있지. 내일 아침에 내가 술을 마시고 소란을 피울 테니, 내게 벌을 내리렴. 그러면 다른 대원들이 감히 함부로 하지 않게 될 거야."

이튿날 아침, 대원들이 모두 모인 자리에 술 취한 안태식이 나타났습니다.

"안태식, 아침부터 술에 취해 돌아다니다니! 군기를 어지럽힌 죄로 엄한 벌을 내리겠다! 여봐라, 저자를 나무에 거꾸로 매달고 매우 쳐라!"

이후부터는 군기가 바로잡혔을 뿐만 아니라, 감히 말대꾸하는 대원도 없었습니다.

안 진사가 의병단을 조직했다는 소식을 들은 원용일이 2만
여 명을 이끌고 청계동으로 공격해 왔습니다.

고작 70여 명에 불과한 청계동 의병이 제아무리 힘을 쓴다
해도 달걀로 바위 치기처럼 보였습니다.

겁을 집어먹은 의병과 마을 사람들은 우왕좌왕 어
찌 할 바를 몰랐어요.

안중근은 여섯 명의 대원들과 함께 원용일 부대의 움직임을 살피는 정탐 겸 선봉대로 나서서, 원용일 부대의 진지가 내려다보이는 숲 언덕에 다다랐습니다. 군데군데 모닥불을 피워 놓아 대낮처럼 밝은데, 보초들은 늘어지게 하품을 하며 잡담을 하거나 졸고 있었어요.

"짐작한 대로 수는 많지만, 저들은 규율이 없는 오합지졸(무질서한 병사나 군중을 의미하는 말)에 불과해. 지금 기습하면 반드시 이길 수 있을 거야!"

"안 돼! 고작 일곱 명으로 대군과 맞서는 건 무모해!"

"병법에 이르기를, 적의 형세를 알면 백 번 싸워 백 번 이긴다고 했어. 저런 무리라면 겁낼 것 없어."

한번 마음먹으면 좀처럼 뜻을 꺾지 않는 안중근의 성격을 알고 있는 대원들은 결국 안중근의 작전에 따르기로 했습니다.

호령이 떨어지자, 대원들은 원용일의 본부로 보이는 곳을 향해 집중 사격을 했어요. 갑작스러운 총소리에 놀란 원용일의 병사들은 서로 밀치고 밟으며 달아나 버렸습니다.

나라 잃은
슬픔

안중근은 아버지 안 진사의 영향으로 프랑스 신부 빌렘에게 세례를 받았습니다. 홍석구라는 한국 이름을 가진 빌렘 신부는 안중근을 예사롭게 보지 않았어요. 그래서 틈틈이 안중근에게 프랑스어와 서양 역사, 과학 등 서구 문명에 대해 가르쳤습니다.

안중근은 홍 신부와 함께 황해도의 여러 마을로 전도(기독교의 교리를 세상에 널리 전하는 일)를 다녔는데, 홍 신부가 우리말로 미처 나타내지 못하는 이야기들을 알기 쉽게 설명해 주어 연설을 썩 잘한다는 칭찬을 듣기도 했습니다.

　어느 날, 홍 신부가 조선의 미래가 바람 앞의 등불처럼 위태로워질 거라며 크게 탄식했습니다.

"차차 알게 되겠지만, 러시아든 일본이든 전쟁에서 이긴 쪽이 조선을 집어삼키려 들 거요."

안중근은 날마다 신문과 잡지, 그리고 여러 나라의 역사책을 읽고 있었으므로 조선의 과거와 현재, 또한 다가올 미래에 대해 어느 정도는 짐작하고 있었어요.

청일 전쟁(청나라와 일본이 조선의 지배권을 놓고 다툰 전쟁)을 승리로 이끈 일본이 조선의 독립을 보장하고 동양의 평화를 지킨다는 구실로 러시아와 전쟁(러일 전쟁)을 벌여, 나라 안팎이

무척 어지러운 때였습니다.

이토 히로부미가 특파 대사로 우리나라에 와서 고종 임금을 만났습니다.

"조선과 일본은 가까운 이웃 나라입니다. 두 나라는 서로 도와야 합니다. 힘이 약한 조선을 우리 일본이 보호해 주고 싶습니다."

"대사의 뜻은 고맙지만, 짐은 다른 나라의 도움을 받고 싶지 않소. 남의 보호를 받는 자는 자신의 주장을 펴기 어려우며, 남을 보호하려는 자에게 아무런 욕심이 없다고 볼 수 없는 까닭이오."

그러나 이듬해인 1905년 11월, 이토 히로부미는 일본 군대를 이끌고 와 궁궐을 둘러쌌습니다.

그러고는 을사 5적(이완용·이근택·이지용·박제순·권중현)과 짜고 황제와 신하들을 협박해 우리의 외교권을 빼앗은 을사조약을 맺었습니다.

이 소식은 장지연이 『황성신문』에 「시일야방성대곡(是日也放

聲大哭)」이라는 논설을 실으면서 알려져, 전국 각지에서 일본에 맞서는 항쟁이 일어났어요.

"이제 우리나라는 망했구나! 나라를 도둑맞고 말았으니 이를 어찌해야 좋단 말인가! 이제 우리는 비록 목숨은 살아 있어도 죽은 것과 다름없게 되었구나."

청계동에 있던 안중근은 생각할수록 억울하고 분해서 치가 떨렸습니다.

"이놈, 우리 민족의 원수, 이토 히로부미! 너를 꼭 내 손으로 없애고 말 테다!"

을사조약에 따라 일본은 우리나라에 통감부라는 기관을 만들고, 이토 히로부미를 첫 번째 통감으로 앉혔습니다.

그는 우리나라 사람을 억누르기 위해,

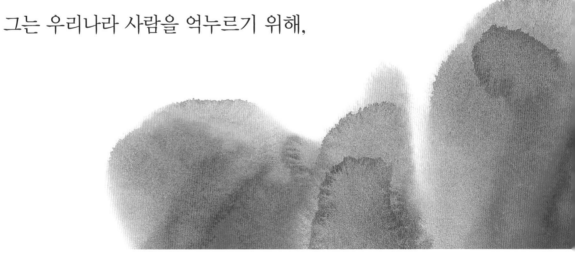

관리들에게도 칼을 차도록 했습니다. 군인처럼 무섭게 보이도록 하기 위한 것이었습니다. 이 때문에 많은 백성들이 두려움에 떨었습니다.

안중근은 홍 신부를 찾아갔습니다.

"신부님, 우리나라가 왜 일본에게 짓밟혔는지 깨달았습니다. 백성들이 배우지 못한 탓입니다."

"그렇습니다. 배우지 않고는 결코 힘이 생

기지 않는 법입니다."

홍 신부는 안중근의 손을 잡고 기도했습니다.

"하느님, 이 사람에게 이 나라, 이 백성을 구할 수 있는 힘을 내려 주소서."

"신부님, 학교를 세워 학생들을 가르치고 싶습니다."

"오, 토머스(안중근의 세례명), 참으로 장하고 훌륭한 생각입니다!"

안중근은 가족들을 데리고 청계동을 떠나 진남포로 이사한 후, 삼흥학교를 세웠습니다.

이어서 프랑스 신부가 경영하던 돈의학교를 사들여 학생들을 가르쳤습니다.

또한 안창호 등 민족 의식이 강한 이들을 청하여 강연회도 열었습니다. 이는 학생들에게 민족 사상과 독립 사상을 북돋아 주기 위한 것이었어요.

대한 의군
참모 중장

　1907년 6월, 고종 황제는 네덜란드의 헤이그에서 열리는 만
국 평화 회의에 이준·이상설·이위종 등 세 명을 밀사(비밀스러
운 명령을 받아 심부름하는 사람)로 보냈습니다. 세계 여러 나라
대표가 참석하는 회의를 통해 '을사조약은 일본이 대한 제국
을 집어삼키기 위해 강제로 맺은 것이므로 무효'라는 것을 널
리 알리기 위해서였어요. 그러나 일본의 방해로 뜻을 이루지
못했습니다.

　이 일을 핑계 삼아 일본은 고종 황제를 억지로 몰아내고 순

종을 황제로 앉혔습니다. 그러고는 일본 통감의 감독을 받도록 하는 조약을 강제로 맺었습니다. 뿐만 아니라 일본은 우리 군대까지 해산시켰습니다.

쫓겨난 군인들은 지방으로 흩어져 의병들과 합세하여 한성(오늘날의 서울)으로 진격했으나, 일본군의 반격으로 실패하고 말았습니다. 살아남은 의병들은 힘을 모아 다시 싸우기 위해 만주나 연해주로 갔습니다.

이런 일들을 겪으면서 안중근은, 교육을 통해 인재를 기르는 것도 중요하지만 일본의 간섭을 받지 않는 곳에서 실력을 갖춘 군대를 키우는 것도 중요하다고 생각했습니다.

안중근은 가족들에게 그런 뜻을 전하고 북간도

로 향했습니다. 그러나 곳곳에서 일본군이 의병 토벌(무력으로 쳐서 없앰) 작전을 벌이고 있어 쉽게 발을 붙일 수 없었습니다.

결국 블라디보스토크로 간 안중근은 대한 의군의 참모 중장이 되어 대원들을 이끌었습니다.

1908년 7월, 마침내 안중근의 의병 부대는 두만강을 건너 국내로 진격하는 작전을 펼쳤습니다.

의병 부대는 회령·의성 등지의 전투에서 일본군을 무찔렀으나, 대한 의군도 적지 않은 피해를 입었습니다.

어느 날, 안중근 부대는 일본 군인과 장사꾼들을 사로잡았습니다. 안중근은 만국 공법(오늘날의 국제법)에 따라 포로들을 풀어 주면서 무기도 빼앗지 않았어요.

그런데 얼마 후, 안중근 부대는 일본군의 기습을 받아 크게 패하고 말았습니다. 석방해 준 일본 포로들이 안중근 부대의 위치를 알려 준데다 의군의 수가 일본군에 비해 터무니없이 적었기 때문이었지요.

그러나 안중근은 실망하지 않고 대원들을 격려했습니다.

"동지들, 낙담하지 맙시다. 이번에는 우리가 비록 뜻을 이루지 못했지만 두 번, 세 번, 열 번, 백 번이라도 다시 해 봅시다. 십 년, 백 년이 걸려도 좋습니다. 우리 대에 안 된다면 아들 대, 손자 대까지 가서라도 대한 독립은 기필코 이루어질 것입니다!"

피로 쓴 맹세

이듬해 봄, 안중근은 놉키엡스크의 카리 마을에서 열한 명의 동지들과 함께 비밀 조직을 만들었습니다.

안중근은 품속에서 태극기를 꺼내 탁자 위에 펼쳐 놓으며 말했습니다.

"동지 여러분, 오늘 우리는 조국의 독립을 위해 목숨을 바쳐 싸울 것을 맹세했습니다. 오늘을 잊지 않기 위해 우리 모두 손가락을 잘라 혈서(자기 몸의 피를 내어 결심이나 부탁을 쓴 글)를 씁시다."

그러고는 칼을 꺼내 왼손 네 번째 손가락을 내리쳤습니다. 잘라진 손가락 끝에서, 나라를 사랑하는 뜨거운 피가 솟구쳤습니다. 안중근은 뚝뚝 떨어지는 피로 태극기 위에 '대한 독립' 이라는 네 글자를 크게 썼어요.

차례로 혈서를 마친 열두 명의 동지들은 일제히 하늘을 우

러르며 '대한 독립 만세!'를 세 번 외쳤습니다.

블라디보스토크로 돌아온 안중근은『대동공보』의 편집장 이강의 부름을 받았습니다.

"안 동지, 이토 히로부미가 하얼빈에 온다는군요."

"그래요? 음, 이놈! 잘됐다."

단지 혈서 엽서 | 안중근 의사가 손가락을 잘라 단지 동맹을 맺고, 태극기에 '대한 독립'이라는 네 글자를 피로 쓴 단지 혈서를 도안으로 제작한 엽서. 1909년 미주 한인들이 안중근 의사 재판 비용 후원을 위해 제작한 것으로 추정됩니다.

안중근은 여러 해 소원하던 일을 이룰 수 있도록 하늘이 기회를 마련해 주시는 거라고 생각했어요.

"러시아 재무 장관 코코프체프를 만나려 한다니, 이때 거사를 하면 일본의 만행을 세계에 널리 알릴 수 있을 것입니다. '이토 히로부미가 대한 제국에서 좋은 정치를 하고 있다.'고 거짓 연설을 하던 외교 고문 스티븐스를 장인환과 전명운이 저격한 덕분에 억압받는 우리 민족의 현실이 널리 알려지지 않았습니까? 가장 적은 노력으로 매우 큰 성과를 거둘 수 있는 다시없는 기회입니다!"

그때 뜻밖에도 우덕순이 찾아왔습니다.

두 사람은 곧 뜻이 맞아 그날 이토 히로부미를 해치우기로 마음을 모았습니다.

쓰러뜨린
민족의 원수

　1909년 10월 26일 아침 7시, 안중근은 하얼빈 역 안의 찻집에 앉아 있었습니다.

　"하느님, 저는 오늘 이토 히로부미를 죽이려 합니다. 개인적인 원한이 있어서가 아니라, 대한 제국 의군 참모 중장으로서, 2천만 우리 겨레를 짓밟고 대한 제국의 독립과 동양 평화를 해친 적, 이토 히로부미와 전투를 치르는 것입니다. 그렇지만 하느님, 사람을 죽이는 것이 얼마나 무서운 죄인지도 잘 알고 있습니다. 어떤 벌이라도 달게 받겠습니다. 그를 사살함으로

써 어둠 속에 울부짖는 우리 민족에게 빛을 안겨 줄 수 있습니다. 부디 우리 겨레를 살펴 주소서, 하느님!"

9시쯤, 이토 히로부미를 태운 특별 기차가 길게 기적을 울리며 하얼빈 역으로 들어서고 있었습니다. 안중근은 자리에서 벌떡 일어났어요.

열차가 플랫폼(역이나 정거장에서 기차를 타고 내리는 곳)에 닿자, 러시아 군 의장대(국가 경축 행사나 외국 사절의 환영·환송을 위해 조직된 특별 부대)가 군악을 우렁차게 연주했습니다.

'어째서 세상일이 이처럼 공평하지 못하단 말인가. 참으로 슬프다. 이웃 나라를 강제로 빼앗고, 사람의 목숨을 참혹하게 해치는 자는 조금도 거리낌이 없는데, 죄 없이 어질고 약한 우리 겨레는 이처럼 곤경에 빠져 허우적거려야 하다니. 이토, 기다려라. 오늘 내가 널 반드시

권총과 실탄
이토 히로부미를 저격할 때 사용한 7연발 자동 권총과 탄약입니다.

이토 히로부미를 저격한 안중근
저격 직후의 모습을 담은 그림입니다.

해치우고 말겠다!'

안중근은 군대가 늘어서 있는 뒤쪽으로 용기 있게 걸어갔습니다. 군인들의 호위를 받으며 누런 얼굴, 흰 수염의 조그마한 노인이 활개를 치며 걸어오고 있었어요.

'저자가 생쥐 같은 도둑놈, 이토 히로부미일 것이다.'

안중근은 권총을 빼어 들었습니다.

"탕! 탕! 탕!"

총소리와 함께, 기차에서 내려 러시아군 의장대 앞을 걷던 누런 얼굴, 흰 수염의 노인이 고꾸라졌어요.

군악 연주가 갑자기 뚝 끊겼습니다. 총검을 들고 경비를 하던 러시아 군인들의 대열이 흐트러진 틈으로 불쑥 뛰쳐나온 권총이 다시 불을 뿜었어요.

"탕! 탕! 탕!"

노인을 수행하던 일본인 세 명도 나뒹굴었습니다.

그 순간 경찰서 서장 대리가 몸을 날려 안중근을 덮쳤습니다. 바닥에 넘어졌던 안중근은 다시 잽싸게 일어나 성호(손으로 가슴에 십자가를 긋는 일)를 긋고, 하늘을 향해 큰 소리로 외쳤습니다.

"코레아 우라!(러시아 말로 '대한 제국 만세!') 코레아 우라! 코레아 우라!"

총을 맞고 고꾸라진 이토 히로부미는 곧 기차로 옮겨져 응급 처치를 받았으나, 20분 만에 숨을 거두었습니다.

재판과 순국

거사 직후 하얼빈 역 헌병 파견대로 붙잡혀 간 안중근은 러시아 검찰관 미트렐에게 심문을 받았습니다. 그리고 그날 저녁, 일본 총영사관으로 넘겨졌다가 뤼순 감옥으로 옮겨져 재판을 받았습니다.

일본인 재판장은 '일본의 훌륭한 위인을 살해한 범죄자, 사이비 정치범, 명예를 얻기 위해 이토 히로부미를 저격한 살인자' 취급을 했지만, 안중근은 한 치 흔들림도 없이 거사의 정당성을 주장했습니다.

"나는 3년
전부터 나라를 위
해 생각해 오던 일을 실
행한 것이다. 내가 이토를
죽인 것은 단순한 살인이
아니다. 대한 제국 의군 참
모 중장으로서 수행한 독립
전쟁에서 사살한 것이다.
또, 이 일은 참모 중장으로서
계획한 것이므로 이 법원(뤼
순) 공판정에서 단순한 자객
으로 취급되어 심문을 받는
것은 잘못된 일이다. 나는
한국의 의병으로서 적
군의 포로가 되어

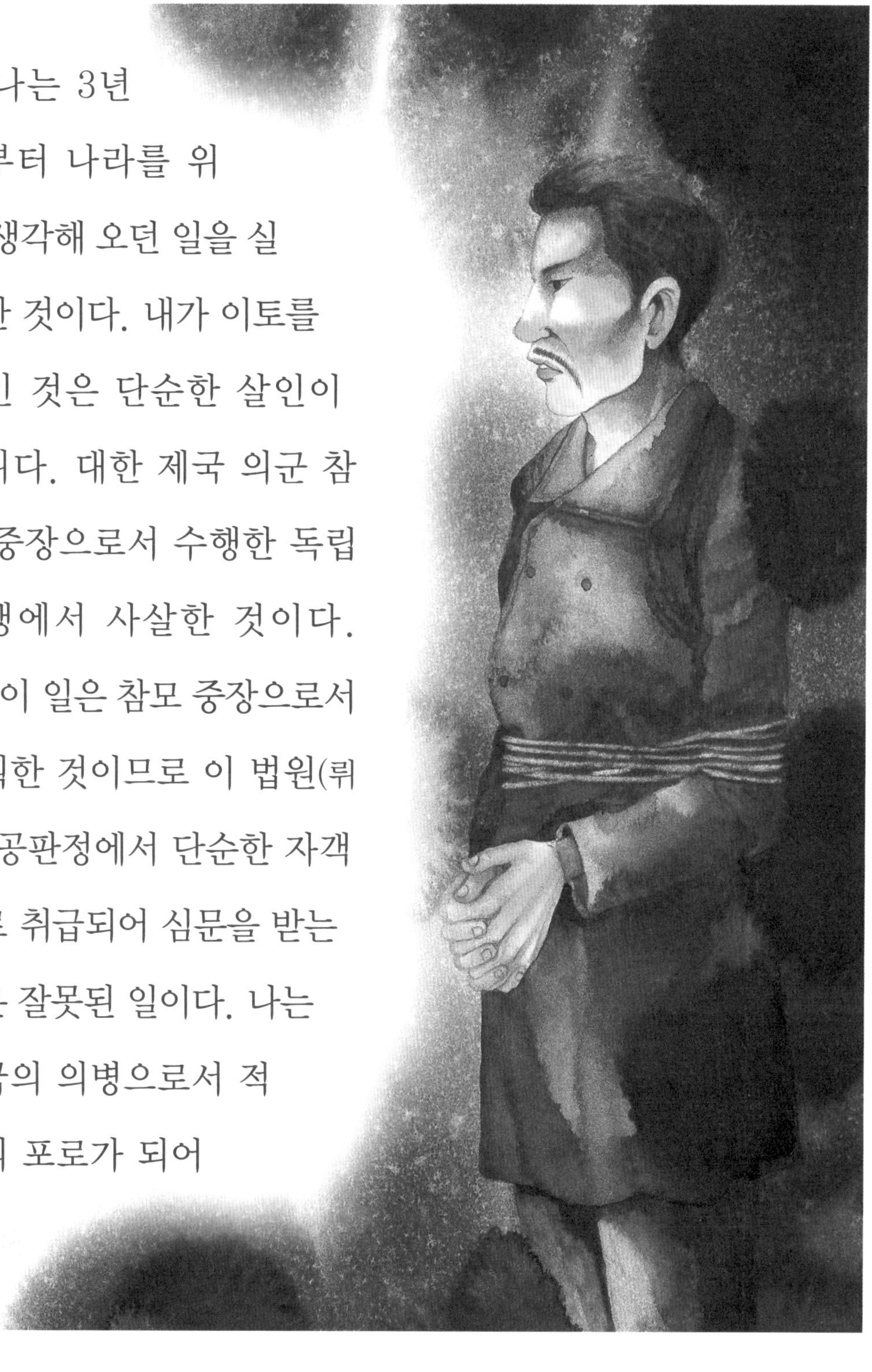

있으므로, 당연히 만국 공법에 의해 처리되어야 한다."

안중근의 당당한 태도와 논리 정연한 진술에 일본인 재판장과 검찰관들도 속으로는 매우 감탄했습니다.

국선(법원이 선임해 주는) 변호사 미즈노가 이렇게 변론할 정도였어요.

"그가 이토 히로부미를 살해한 것은, 오해에서 비롯되었다 할지라도 이토 히로부미를 죽이지 않으면 독립할 수 없다는 조국에 대한 참된 정성에서 나왔다는 것만은 의심할 여지가 없다."

1910년 2월 14일, 재판장은 안중근에게 사형, 거사 동지인 우덕순에게는 징역 3년, 조도선과 유동하에게는 각각 징역 1년 6개월을 선고했습니다.

사형 선고를 받고도 안중근은 조금도 흔들리지 않았어요. 오히려 '일본 법에는 사형보다 더 무거운 형벌은 없느냐?'고 소리쳤습니다.

사형이 확정되어 순국할 때까지 안중근은 죽음을 앞둔 사람이라는 사실이 믿기지 않을 만큼 의연하고 평화롭게 하루하루를 보냈어요. 날마다 기도를 거르지 않았고, 『동양 평화론』을 집필하는 틈틈이 붓글씨도 썼습니다.

법원과 형무소의 일본인 관리들은 안중근을 기념하고자 비단과 화선지를 감옥 안에 넣어 주며 붓글씨를 부탁했어요. 안중근은 이때, '위국헌신 군인본분(爲國獻身 軍人本分 : 나라를 위해 몸을 바치는 것은 군인의 본분이다)' 등 수많은 유묵(살아 있을 때 남긴 글이나 글씨)을 남겼습니다.

순국 하루 전날인 3월 25일, 안중근은 울먹이는 동생 정근과 공근을 위로했어요. 그러고는 미리 써 놓은 유서를 어머니와 아내, 뮈텔 주교, 빌렘 신부 등에게 전해 달라고 부탁하며 이렇게 말했습니다.

동생을 만나는 안중근 | 순국 하루 전날 정근(오른쪽)과 공근(왼쪽), 두 동생을 만나고 있는 모습입니다.

"내 뼈를 하얼빈 공원에 묻어 두었다가, 우리나라가 주권을 되찾거든 고국으로 옮겨 다오. 나는 하늘나라에 가서도 대한 제국의 독립을 위해 힘쓸 것이다. 너희들은 돌아가서 '제각기 나라를 잃은 데 책임감을 갖고, 백성의 의무를 다하면서 힘을 합하여 반드시 독립을 이루기를 간절히 원하더라.'고 일러 다오. 대한 독립의 소리가 하늘나라에 들리면 나는 춤추며 만세를 부를 것이다."

죽어서 나라의
별이 되다

3월 26일 아침 10시, 안중근은 어머니가 손수 지어 준 한복으로 갈아입고 형장으로 나갔습니다.

사형 집행 직전, 형무소장이 마지막 할 말을 물었어요.

"내가 한 일은 대한 제국의 독립과 동양 평화를 위한 것이었다. 앞으로 두 나라가 화합하여 동양 평화에 힘쓰기 바란다. 우리 함께 '동양 평화 만세!' 삼창을 하자."

그러나 안중근의 희망은 받아들여지지 않았습니다.

교수대로 올라간 안중근이 기도를 마치자 밧줄이 목에 걸렸어요. 10시 15분, 안중근은 서른두 살의 아까운 나이로 숨을 거두고 말았어요.

일본인 판사·검사·변호사·뤼순 감옥 간수들은 사형 집행 후, '안중근은 참으로 훌륭한 사람이었다. 그를 죽인 것은 무

척이나 안타까운 일이다.'라고 입을 모았습니다.

이들로부터 시작된 추모(죽은 사람을 그리며 생각함)의 마음은 오늘날에도 이어져, 그를 기리며 자료 발굴 등의 활동을 펼치는 '안중근 의사 연구회'가 일본에 두 곳이나 있답니다.

안중근은 민족의 이름으로 이토 히로부미를 쏘아 죽인 애국자입니다. 이 거사를 통해 안중근은 핍박받는 민족에게 희망과 용기를 주고 자존심을 일깨워 주었으며, 독립 의지를 세계에 널리 알렸습니다.

무척 엄하고 모진 일제 강점기에 자신의 목숨을 내던지면서 끝까지 지켰던 신념과 쉽사리 실행에 옮기기 어려운 거사를 과감히 행한 용기, 그리고 어떠한 억압에도 굴하지 않았던 의연함은 시대를 뛰어넘어 오늘을 살아가는 우리 겨레의 가슴에 별이 되어 빛나고 있습니다. ✿

연 대	발 자 취
1879년(1세)	9월 2일(음력 7월 16일), 황해도 해주부에서 아버지 안태훈과 어머니 조마리아 (백천 조씨)의 3남 1녀 중 맏아들로 태어나다.
1885년(7세)	신천군 청계동으로 이사하다.
1886년(8세)	동생 안정근이 태어나다.
1889년(11세)	동생 안공근이 태어나다.
1892년(14세)	할아버지 안인수가 사망하자, 이 충격으로 병을 얻어 6개월 동안 앓다.
1894년(16세)	김아려와 혼인하다. 이후 아들 둘(분도 · 후생)과 딸 하나(현생)를 낳다.
	아버지 안태훈이 일으킨 의병을 따라가 큰 공을 세우다.
1896년(18세)	아버지 안태훈이 천주교에 입교하고, 선교 활동을 위해 고향으로 돌아오다.
1897년(19세)	프랑스 인 빌렘 신부(홍 신부)에게 토머스라는 세례명으로 세례를 받다. 조선 의 연호를 광무로 고치고 국호를 대한 제국, 왕의 호칭을 황제로 정하다.
1898년(20세)	빌렘 신부를 따라 황해도 여러 지방을 다니면서 전교 활동에 열중하다.
1899년(21세)	청계동 본당의 총대로 추대되어 교우들의 어려운 문제 해결에 앞장서다.
1904년(26세)	한일 의정서에 도장을 찍다. 이토 히로부미가 우리나라에 특파 대사로 오다.
1905년(27세)	상하이의 민영익을 찾아가 자문을 구하려 했으나 만나지 못하고, 프랑스 인 르각 신부에게 본국에서 활동하라는 권고를 받고 돌아오다.
	부친의 사망 소식을 듣다.
1906년(28세)	진남포로 이사하다. 삼흥학교를 세우고, 돈의학교를 사들여 교육 사업을 시작 하다.
1907년(29세)	국채 보상 운동에 참여하다. 이토 히로부미가 군대를 해산시키자 북간도로 건 너가 의거를 준비하다. 해외 독립군 부대인 '대한 의군'의 참모 중장이 되어 전 쟁을 준비하다.
1908년(30세)	두만강을 건너가 일본군과 수차례 의병 전쟁을 하다.
1909년(31세)	3월 5일경(음력 2월 7일경), 11명의 동지들과 함께 손가락을 잘라 '단지 동맹'을 맺다.
	10월 26일, 하얼빈 역에서 이토 히로부미를 사살하다.
	11월 3일, 뤼순 감옥에 갇히다.
	12월, 옥중 자서전『안응칠 역사』를 쓰기 시작하다.
1910년(32세)	뤼순 법원에서 열린 여섯 차례의 공판 결과 사형 선고를 받다.
	『안응칠 역사』를 완성하고, 『동양 평화론』을 쓰기 시작하다.
	3월 26일, 뤼순 감옥에서 교수형이 집행되어 순국하다.

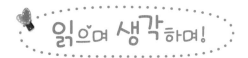

읽으며 생각하며!

1. 안중근에게는 호적에 올려진 '중근'이라는 이름 외에 부모님이 지어 주신 '응칠'이라는 이름이 있었습니다. 이 이름에는 어떤 뜻이 담겨 있나요?

2. 안중근은 일본의 간섭을 받지 않는 곳에서 실력을 갖춘 군대를 키우기 위해 블라디보스토크로 갑니다. 그곳에서 의병 부대를 조직하는데, 안중근이 이끈 이 부대의 이름은 무엇인가요?

> 1908년 7월, 마침내 안중근의 의병 부대는 두만강을 건너 국내로 진격하는 작전을 펼쳤습니다. 의병 부대는 회령·의성 등지의 전투에서 일본군을 무찔렀으나, 대한 의군도 적지 않은 피해를 입었습니다.

3. 안중근이 왼손 네 번째 손가락을 잘라서 조국의 독립을 기원하는 마음을 담아 태극기에 쓴 글은 무엇이었나요?

4. 놀이에 정신이 팔려 길을 막고 있다는 사실을 깨닫지 못한 아이들에게 이장이 흙탕물을 튀기자 안중근은 다음과 같이 따집니다. 안중근의 태도를 어떻게 생각하는지, 찬성과 반대 의견으로 나누어 말해 보세요.

> "아니, 점잖은 이장 어르신께서 아이들 노는데 훼방을 놓으시다니요? 어서 사과하십시오."
> "어허, 이런 고얀 놈이 있나. 감히 어른에게 대들다니!"
> 말대꾸는커녕 어른 앞에서는 고개도 제대로 들기 어려운 시대였습니다. 그러나 응칠이의 생각은 달랐어요.
> "물론 아이가 어른에게 대들어선 안 되는 법이지요. 허나, 어르신일지라도 옳지 않은 일을 했을 때는 마땅히 책임을 져야 도리가 아니겠습니까?"

• 찬성 :

_____

_____

• 반대 :

_____

_____

5. 안중근은 이토 히로부미를 암살하고, 서른두 살의 나이로 교수형을 당합니다. 안중근의 용기 있는 행동은 우리에게 어떤 교훈을 남겼다고 생각하나요?

_____

6. 1905년 11월, 이토 히로부미는 우리나라 황제와 신하들을 협박하여 강제로 을사조약을 맺게 합니다. 이처럼 굴욕적인 조약을 맺게 된 것은 무엇 때문이라고 생각하는지 자신의 생각을 말해 보세요.

을사조약에 따라 일본은 우리나라에 통감부라는 기관을 만들고, 이토 히로부미를 첫 번째 통감으로 앉혔습니다.

그는 우리나라 사람을 억누르기 위해, 관리들에게도 칼을 차도록 했습니다. 군인처럼 무섭게 보이도록 하기 위한 것이었습니다. 이 때문에 많은 백성들이 두려움에 떨었습니다.

1. 북두칠성의 기운을 받아 태어난 아이.

2. 대한 의군

3. 대한 독립

4. 예시 : •찬성 – 비록 어른일지라도 잘못한 일이 있다면 아이들에게 사과해야 한다고 생각한다. 어른이라는 이유로 무조건 아이가 참아야 한다면 어른에 대한 존경심도 사라질 것이고, 마음속에 불만이 생겨 어른들을 믿고 따르지 않게 될 것이다.
   •반대 – 어른에게 좀 더 공손한 태도를 보여야 한다고 생각한다. 깊이 생각해 보지 않고, 자신의 판단만을 믿고 상대를 비난하는 것은 옳지 못하다. 아무리 상대가 잘못했더라도 화부터 내면서 따지고 든다면 서로를 비난하는 싸움으로 발전할 수도 있기 때문이다.

5. 예시 : 안중근은 어둡고 불행했던 일제 강점기를 사는 우리 민족에게 희망과 용기를 주었으며, 독립을 이루고야 말겠다는 의지를 확고히 다지게 했다. 어떤 어려움 앞에서도 꺾이지 않았던 안중근의 신념과 용기 덕분에 오늘날 우리는 다른 나라의 간섭 없이 자유롭게 꿈을 이루며 행복하게 살 수 있는 것이다.

6. 예시 : 나라의 입장에서 보면 국력을 갖추지 못했기 때문이라고 할 수 있고, 개인의 입장에서 보면 백성들이 배우지 못했기 때문이라고 할 수 있다. 한마디로 백성 한 사람 한 사람이 배우지 않고는 힘을 기를 수 없다. '힘'이라는 것은 꼭 무력의 힘만을 의미하는 것은 아니다. 공부를 함으로써 많이 깨우치고 준비하여 자기 자신은 물론 나라를 지킬 수 있는 힘을 키워야 한다는 뜻도 담겨 있다.

역사 속에 숨은 위인을 만나 보세요!

Korean figures (상단):

광개토 태왕 (374~412)
연개 소문 (?~666)
장보고 (?~846)
최무선 (1328~1395)
신사임당 (1504~1551)
한석봉 (1543~1605)
황희 (1363~1452)
이이 (1536~1584)
이순신 (1545~1598)
세종 대왕 (1397~1450)
오성과 한음 (오성 1556~1618 / 한음 1561~1613)
을지문덕 (?~?)
김유신 (595~673)
대조영 (?~719)
왕건 (877~943)
강감찬 (948~1031)
장영실 (?~?)
허준 (1539~1615)
유성룡 (1542~1607)

Events:

고구려 살수 대첩 (612)
견훤 후백제 건국 (900)
고려 강화로 도읍 옮김 (1232)
문익점 원에서 목화씨 가져옴 (1363)
허준 동의보감 완성 (1610)
신라 삼국 통일 (676)
궁예 후고구려 건국 (901)
개경 환도, 삼별초 대몽 항쟁 (1270)
최무선 화약 만듦 (1377)
병자 호란 (1636)

고조선 건국 (B.C. 2333)
철기 문화 보급 (B.C. 300년경)
고조선 멸망 (B.C. 108)
고구려 불교 전래 (372)
신라 불교 공인 (527)
대조영 발해 건국 (698)
장보고 청해진 설치 (828)
왕건 고려 건국 (918)
귀주 대첩 (1019)
윤관 여진 정벌 (1107)
조선 건국 (1392)
훈민 정음 창제 (1443)
임진 왜란 (1592~1598)
한산도 대첩 (1592)
상평 통보 전국 유통 (1678)

| B.C. | 선사 시대 및 연맹 왕국 시대 | A.D. 삼국 시대 | 698 남북국 시대 | 918 | 고려 시대 | 1392 |

| 2000 | 500 | 400 | 300 | 100 | 0 | 300 | 500 | 600 | 800 | 900 | 1000 | 1100 | 1200 | 1300 | 1400 | 1500 | 1600 |

| B.C. | 고대 사회 | A.D. 375 | 중세 사회 | 1400 |

중국 황하 문명 시작 (B.C. 2500년경)
인도 석가모니 탄생 (B.C. 563년경)
알렉 산더 대왕 동방 원정 (B.C. 334)
크리 스트교 공인 (313)
게르만 민족 대이동 시작 (375)
로마 제국 동서로 분열 (395)
수나라 중국 통일 (589)
이슬람교 창시 (610)
수 멸망 당나라 건국 (618)
러시아 건국 (862)
거란 건국 (918)
송 태종 중국 통일 (979)
제1차 십자군 원정 (1096)
테무친 몽골 통일 칭기즈 칸이 됨 (1206)
원 제국 성립 (1271)
원 멸망 명 건국 (1368)
잔 다르크 영국군 격파 (1429)
구텐 베르크 금속 활자 발명 (1450)
코페르니 쿠스 지동설 주장 (1543)
도요토미 히데요시 일본 통일 (1590)
독일 30년 전쟁 (1618)
영국 청교도 혁명 (1642~1649)
뉴턴 만유 인력의 법칙 발견 (1665)

석가모니 (B.C. 563?~ B.C. 483?)
예수 (B.C. 4?~ A.D. 30)
칭기즈 칸 (1162~1227)

주시경
(1876~1914)

김구
(1876~1949)

정약용
(1762~1836)

안창호
(1878~1938)

우장춘
(1898~1959)

유관순
(1902~1920)

김정호
(?~?)

안중근
(1879~1910)

방정환
(1899~1931)

윤봉길
(1908~1932)

이중섭
(1916~1956)

백남준
(1932~2006)

이태석
(1962~2010)

최제우
동학
창시
(1860)

강화도
조약
체결
(1876)

동학
농민
운동,
갑오
개혁
(1894)

을사
조약
(1905)

8·15
광복
(1945)

6·29
민주화
선언
(1987)

이승훈
천주교
전도
(1784)

김정호
대동여
지도
제작
(1861)

지석영
종두법
전래
(1879)

갑신
정변
(1884)

대한
제국
성립
(1897)

헤이그
특사
파견,
고종
퇴위
(1907)

한일
강제
합방
(1910)

3·1
운동
(1919)

어린이날
제정
(1922)

윤봉길·
이봉창
의거
(1932)

대한
민국
정부
수립
(1948)

6·25
전쟁
(1950~1953)

10·26
사태
(1979)

서울
올림픽
개최
(1988)

북한
김일성
사망
(1994)

의약
분업
실시
(2000)

| 조선 시대 | | | | 1876 개화기 | | 1897 대한 제국 | 1910 일제 강점기 | | | | 1948 대한민국 | | | | |

| 1700 | 1800 | 1850 | 1860 | 1870 | 1880 | 1890 | 1900 | 1910 | 1920 | 1930 | 1940 | 1950 | 1970 | 1980 | 1990 | 2000 |

| 근대 사회 | | | | | | | 1900 현대 사회 | | | | | | | | | |

미국
독립
선언
(1776)

프랑스
대혁명
(1789)

청·영국
아편
전쟁
(1840~1842)

미국
남북
전쟁
(1861~1865)

베를린
회의
(1878)

청·
프랑스
전쟁
(1884~1885)

청·일
전쟁
(1894~1895)

헤이그
평화
회의
(1899)

영·일
동맹
(1902)

러·일
전쟁
(1904~1905)

제1차
세계
대전
(1914~1918)

러시아
혁명
(1917)

세계
경제
대공황
시작
(1929)

제2차
세계
대전
(1939~1945)

태평양
전쟁
(1941~1945)

국제
연합
성립
(1945)

소련
세계
최초
인공위성
발사
(1957)

제4차
중동
전쟁
(1973)

소련
아프가니
스탄
침공
(1979)

미국
우주
왕복선
콜럼비아
호 발사
(1981)

독일
통일
(1990)

유럽
11개국
단일
통화
유로화
채택
(1998)

미국
9·11
테러
(2001)

워싱턴
(1732~1799)

가우디
(1852~1926)

라이트
형제
(형, 윌버
1867~1912 /
동생, 오빌
1871~1948)

아문센
(1872~1928)

헬렌
켈러
(1880~1968)

테레사
(1910~1997)

마틴
루서 킹
(1929~1968)

스티븐
호킹
(1942~2018)

오프라
윈프리
(1954~)

페스탈
로치
(1746~1827)

링컨
(1809~1865)

슈바이처
(1875~1965)

만델라
(1918~2013)

모차
르트
(1756~1791)

나이팅
게일
(1820~1910)

마리
퀴리
(1867~1934)

아인슈
타인
(1879~1955)

스티브
잡스
(1955~2011)

나폴
레옹
(1769~1821)

파브르
(1823~1915)

간디
(1869~1948)

빌
게이츠
(1955~)

노벨
(1833~1896)

에디슨
(1847~1931)

2022년　1월 25일　2판　6쇄 **펴냄**
2013년 11월 25일　2판　1쇄 **펴냄**
2008년　1월 20일　1판　1쇄 **펴냄**

펴낸곳 (주)효리원
펴낸이 윤종근
글쓴이 송재진 · **그린이** 권영묵
사진 제공 중앙포토
등록 1990년 12월 20일 · **번호** 2-1108
우편 번호 03147
주소 서울시 종로구 삼일대로 457, 406호
전화 02)3675-5222 · **팩스** 02)765-5222

이메일 hyoreewon@hyoreewon.com
홈페이지 www.hyoreewon.com